MW00910255

16.50

79

RATUS POCHE

COLLECTION DIRIGÉE PAR JEANINE ET JEAN GUION

La légende
des santons de Provence

Les histoires de toujours

© Hatier Paris 2003, ISSN 1259 4652, ISBN 2-218-74564-X

La légende
des santons de Provence

Une histoire de Giorda
illustrée par Christine Flament

HATIER

Bartholomé

Marquet, le berger

M. Gabriel

Margarido

Les personnages de l'histoire

1
Le rêve de Gustin

Cette histoire s'est passée il y a très longtemps, dans un joli petit village provençal, perché au sommet d'une colline toute ronde. La route qui y menait serpentait doucement entre des champs de vignes et d'oliviers.

L'hiver approchait. Les vendanges étaient terminées depuis quelque temps déjà.

Ce soir-là, un jeune garçon rentrait au village. Il avait passé sa journée à cueillir des olives et il avait hâte de se retrouver chez lui, bien au chaud.

Il s'appelait Gustin, mais tout le monde au village l'appelait « le ravi » parce qu'il s'émerveillait de tout ce qu'il voyait. Souvent, même, il levait les bras au ciel en disant : « Mon Dieu ! Que c'est beau ! » Et il pouvait rester là, pendant longtemps, à contempler une fleur à peine éclose ou un oisillon dans son nid.

Tout en marchant, le garçon regardait autour de lui. La nuit tombait peu à peu. L'étoile du berger s'alluma dans le ciel.

Gustin pensa à la nuit de Noël. Encore un mois et…

– Ça alors ! fit-il tout à coup.

Il venait de passer devant une grande bâtisse à moitié écroulée, abandonnée depuis longtemps. Elle n'avait plus de porte et il ne lui restait plus qu'un fenestron, placé à hauteur du premier étage. C'était la bergerie du vieux Bartholomé.

Et, parce que la nuit tombait, parce qu'une étoile brillait dans le ciel, Gustin se souvint brusquement de ce qu'avait raconté le curé sur la naissance de Jésus, le soir de Noël. Sa mère s'appelait Marie et son père Joseph. Il était né à Bethléem, dans une étable. Et le curé disait aussi qu'un bœuf et un âne avaient soufflé doucement sur lui pour le réchauffer.

Alors, Gustin imagina ce petit enfant dans la bergerie du vieux Bartholomé, là,

Quelle est la bergerie du vieux Bartholomé ?

devant lui, couché dans le râtelier où mangeaient jadis les brebis.

Il aurait tellement voulu voir ça ! Il en aurait levé les bras au ciel d'émerveillement.

Tout à coup, il entendit une voix dans son dos qui lui demandait gentiment :

— Mais qu'est-ce que tu fais là, petit ? Tu rêves ?

Il se retourna et reconnut monsieur Gabriel, un vieux bonhomme qui était venu s'installer dans le village au début de l'année.

— Je rêve à la nuit de Noël, répondit le garçon. J'aimerais tellement voir le petit Jésus avec son père et sa mère dans cette bergerie.

Alors, monsieur Gabriel lui raconta que, dans la ville où il habitait avant de venir au village, les gens se rassemblaient, le soir de Noël. Il y avait toujours parmi eux un papa et une maman avec un enfant nouveau-né. Ils représentaient Jésus avec son père et sa mère. D'autres jouaient les bergers qui voient briller une étoile dans le ciel. D'autres encore les rois mages qui apportent leurs présents, l'or, l'encens et la myrrhe…

– Et il y avait aussi des moutons pour de vrai ? demanda Gustin qui ne savait pas ce qu'était la myrrhe.

Et ses yeux brillaient comme deux étoiles.

– Oui, et les habitants mettaient leurs plus beaux habits pour apporter des cadeaux aux parents, comme on le fait à l'occasion d'une naissance.

– Eh bien, moi, s'écria Gustin, je ferai la même chose, ici, dans cette bergerie.

Monsieur Gabriel voulut le mettre en garde :

– Attention, Gustin, ce n'est pas facile d'organiser une crèche vivante ! Il faut trouver un papa, une maman avec un bébé, un berger…

– Surtout, lança derrière eux une voix aigre qui les fit sursauter, surtout, n'oublie pas que cette bergerie appartient à Bartholomé. C'est un avare. Il ne te la

6

7

13

laissera sûrement pas pour rien! Tu ferais mieux d'y renoncer!

C'était la vieille Margarido, la pire commère du village, qui venait de lancer son venin.

– J'y arriverai! répondit Gustin. Les belles choses, on réussit toujours à les faire, quand on le veut vraiment…

2
Premières invitations

Dès le lendemain matin, Gustin partit à la recherche de Marquet, le berger qui habitait en dehors du village. En chemin, il rencontra le bûcheron qui revenait de la forêt, le dos chargé d'un énorme fagot. 8

– Marquet a mené ses moutons dans le vallon, expliqua ce dernier. C'est le seul endroit où il reste encore un peu d'herbe en hiver.

Gustin lui parla de sa crèche vivante. Et il lui demanda d'apporter un cadeau à l'enfant et à ses parents, le soir de Noël.

Le bûcheron lui promit de venir avec un beau fagot, fait avec des branches bien droites et bien sèches.

Alors Gustin courut vers le vallon. Le grand Marquet était tout emmitouflé dans une longue houppelande noire et ses moutons se serraient les uns contre les autres pour se tenir chaud. Gustin caressa le chien qui aboyait dans ses jambes, puis il demanda :

– Si je te disais que le soir de Noël, le petit Jésus, sa mère, son père, le bœuf et l'âne, tous seront dans la bergerie du vieux Bartholomé, tu viendrais, toi, avec tes moutons ?

Le berger hocha la tête :

– Bien sûr ! fit-il. Je serais même drôlement content de les voir ! Et je leur offrirais un agneau nouveau-né. Mais es-tu sûr que la bergerie du vieux Bartholomé tiendra le coup ? Parce qu'elle est encore plus vieille que lui et…

Du coup, Gustin revint en courant vers la bergerie. Marquet avait raison. Les murs n'étaient pas très solides. Une poutre du toit était presque complètement descellée. Si elle se décrochait, tout le toit s'écroulerait. Et ce qui restait du plancher du premier étage, où l'on mettait le foin dans le temps, finirait sûrement de tomber… Vite, Gustin se précipita chez le forgeron.

*Qu'est-ce que le berger offrira pour
la crèche vivante de Gustin ?*

– Ho ! Fortunat, lui dit-il, est-ce que tu pourrais me forger un bout de fer recourbé ? Pour tenir une poutre de la vieille bergerie de Bar…

Fortunat l'interrompit d'un formidable coup de marteau qui résonna comme le tonnerre sur sa grosse enclume de fer. Il était en train de façonner un fer à cheval et il n'aimait pas qu'on le dérange dans son travail.

– Tu crois peut-être que je vais travailler pour Bartholomé, un vieil avare qui ne me paiera probablement jamais ? Ou alors, dans vingt ans ? Eh bien, moi, je te dis non ! Et non !

Et il ponctuait chaque non d'un grand

coup de marteau.

Gustin le quitta, très inquiet. Et si la bergerie s'écroulait ?

En sortant de la forge, il rencontra le maire qui discutait avec le cantonnier. Aussitôt, Gustin lui demanda de faire réparer la vieille bergerie pour sa crèche.

– Je regrette, mon petit, lui répondit le maire. Cette bergerie est une propriété privée. La mairie ne peut pas y faire des réparations. Mais moi, je viendrai volontiers à ta crèche. J'en parlerai au boulanger et à tous les commerçants du village. Ils y viendront aussi, si je le leur demande. Et je mettrai ma belle écharpe tricolore pour te faire plaisir.

Le cantonnier ajouta :

– Moi aussi, j'irai. Mais je ne peux pas t'aider maintenant. Il faut que je m'occupe des routes. Surtout qu'il risque de neiger…

Et il s'éloigna en compagnie du maire.

Gustin ne savait pas que faire. Heureusement, monsieur Gabriel traversait la place, et il avait tout entendu.

– Si tu veux, je t'aiderai, moi, lui dit-il.

– Bien sûr que je veux ! s'écria Gustin.

Et il l'entraîna aussitôt vers la bergerie. Comme ils passaient devant la maison de monsieur Gabriel, celui-ci prit une grande échelle.

Une fois dans la bergerie, Gustin voulut tout de suite monter jusqu'à la poutre qu'il fallait consolider.

– Attends un peu, lui cria monsieur Gabriel. Tu vas te casser le cou.

Gustin avait déjà gravi la moitié de l'échelle quand la poutre commença à bouger.

– Attention ! Elle va tomber ! lui cria encore monsieur Gabriel.

Gustin eut juste le temps de dégringoler le long des barreaux, pendant que monsieur Gabriel calait tant bien que mal la poutre avec l'échelle.

– Bravo ! fit Gustin en battant des mains. Ça tiendra bien jusqu'au soir de Noël !

À ce moment-là, Margarido entra dans la bergerie.

— Dépêchez-vous d'enlever votre échelle, leur dit-elle d'une voix toujours aussi aigre. Si Bartholomé arrive, il va être furieux que vous touchiez à sa bergerie…

Elle paraissait ravie, la vieille commère. Et elle ne fit rien pour les aider, au contraire !

Alors ils retirèrent l'échelle, sans faire de mouvements brusques. La poutre bougea un peu, mais ne tomba pas. Les pierres du mur la retenaient encore.

— Vous avez de la chance, dit Margarido. Le toit ne vous est pas tombé dessus !

Gustin et monsieur Gabriel ressortirent de la bergerie la tête basse et rapportèrent l'échelle au village.

Qu'est-ce que Gustin a demandé
au boumian ?

Les yeux de Gustin qui brillaient si bien tout à l'heure étaient remplis de larmes.

– Je ne pourrai jamais faire ma crèche vivante, disait-il.

– Ne pleure pas, lui dit monsieur Gabriel. Cette poutre tiendra bien jusqu'à Noël.

– Vous en êtes sûr ? demanda Gustin, à nouveau plein d'espoir.

– Oui !

Alors, ils retournèrent à la bergerie pour la nettoyer. En chemin, Gustin raconta qu'il avait rencontré le boumian, la veille au soir.

14

– Je lui ai demandé de ramener un bœuf et un âne pour la nuit de Noël. Il est drôlement débrouillard, lui…

– Il est même capable de les voler, ton boumian ! fit monsieur Gabriel en riant.

– Il les rendra le lendemain, répondit Gustin en riant, lui aussi.

– Est-ce que tu as trouvé des parents avec un enfant nouveau-né ?

Gustin n'eut pas le temps de lui répondre. Ils arrivaient à la bergerie. Margarido n'était plus là. Mais le vieux Bartholomé les attendait. Et il n'avait pas l'air content.

3
Le vieux Bartholomé

À peine Gustin et monsieur Gabriel étaient-ils entrés dans la bergerie que Bartholomé s'écria :

– Qui vous a autorisés à vous installer ici ?

Gustin eut beau lui parler d'une crèche vivante, le vieux ne voulut rien entendre.

– C'est que je ne vais pas te la prêter gratuitement, ma bergerie, bougonnait-il.

– Mais elle n'abrite plus de moutons depuis longtemps, rétorqua Gustin. Et elle est à moitié écroulée…

– Justement ! Tu vas me demander d'y faire des réparations et moi, je n'ai pas l'argent.

Pauvre Gustin ! Il voyait à nouveau son beau rêve s'effondrer.

– Écoutez ! dit alors monsieur Gabriel à Bartholomé. Si c'est une question d'argent, moi, je veux bien payer un loyer.

Le vieil avare se tourna vers lui. Et Gustin vit dans ses yeux qu'il était prêt à accepter. Il suffirait qu'on lui offre une jolie petite somme.

– Dites-moi combien vous voulez, insista monsieur Gabriel. Votre prix sera le mien.

Bartholomé allait lui répondre quand le curé entra en courant, suivi de Margarido.

– Qu'est-ce que j'apprends ? s'écria-t-il en reprenant son souffle. Toi, Gustin, un brave petit, tu veux faire du théâtre ici, le soir de Noël ? Mais tu as oublié que ce soir-là, on fait la veillée à l'église et qu'après, il y a la messe de minuit !

Gustin ne sut que répondre. Il n'avait pas pensé à ça. Il se tourna vers Margarido.

– Du théâtre ? Qu'as-tu raconté, toi ?

– Moi ? Rien du tout ! répondit Margarido de sa voix grinçante. J'ai seulement…

– Tout est de ma faute, dit alors monsieur Gabriel. J'ai parlé à ce garçon d'une crèche vivante que j'ai vue en ville, et il a voulu faire pareil. Laissez-moi vous expliquer…

D'après le curé du village, où doivent être les paroissiens, le soir de Noël ?

Mais, comme le vieux Bartholomé tout à l'heure, le curé ne voulut rien entendre. Et lui, il ne se laisserait pas convaincre par une jolie petite somme. Il répétait :

– Le soir de Noël, tous mes paroissiens doivent être à l'église. C'est comme ça depuis toujours ! Je ne vois pas pourquoi ils iraient faire du théâtre…

– Mais ce n'est pas du théâtre ! s'écria Gustin.

Puis il se tourna vers son ami :

– Expliquez-lui, vous !

Mais, avant que monsieur Gabriel ait pu ouvrir la bouche, Bartholomé intervint :

– Moi, je ne veux d'histoires avec personne. Si monsieur le curé refuse que vous fassiez votre crèche ici, je ne vous louerai pas ma bergerie. Voilà !

On sentait bien qu'il y avait des regrets dans sa voix. Mais il ne voulait pas déplaire au curé. Celui-ci sortit de la bergerie, suivi de Margarido qui ricanait méchamment, tout en regardant Gustin par-dessous son bonnet à dentelles.

– Allez, allez ! s'exclama alors le vieux Bartholomé, il faut sortir de là. Vous n'êtes pas chez vous, ne l'oubliez pas.

Que faire ? Gustin et monsieur Gabriel obéirent, la mort dans l'âme.

4
Mauvaises nouvelles

Pour consoler Gustin, monsieur Gabriel lui dit qu'il trouverait bien un autre endroit, sans doute pas une bergerie, mais une remise ou une grange… 16

– En attendant, ajouta-t-il, allons voir le boumian. Il a sûrement trouvé un bœuf et un âne, et peut-être aussi l'adresse d'un papa et d'une maman avec un enfant nouveau-né.

Gustin recommença aussitôt à rêver.

– Vous croyez ?

– J'en suis sûr.

Ils descendirent jusqu'au bord de la rivière. Car c'était là que le boumian s'installait d'habitude avec sa roulotte.

Hélas, la roulotte était vide !

– Les gendarmes l'ont emmené tout à l'heure, leur expliqua un pêcheur assis sur un tronc d'arbre. Il paraît qu'il a volé une poule dans une ferme.

– Mais comment je vais faire, moi ? s'exclama Gustin. Et le bœuf ? Et l'âne ? Qui me les ramènera ?

Monsieur Gabriel essaya de le réconforter. Il lui dit que Marquet avait sûrement un âne, et il ajouta :

– Il en a besoin pour porter ses provisions quand il va passer l'été dans la montagne avec ses moutons. Et il connaît peut-être quelqu'un qui possède un bœuf…

Gustin retrouva aussitôt le sourire et ils repartirent à travers la campagne.

Le berger était assis devant son cabanon. Il avait l'air triste.

– Mais qu'est-ce qui se passe aujourd'hui ? s'écria Gustin, inquiet.

– Je vais te dire ce qui s'est passé, ici, cette nuit, dans mon enclos, lui répondit Marquet. Un loup est venu. Il a tué la moitié de mes brebis !

– Écoute ! lui dit Gustin, je vais retourner au village. Et là, je demanderai

Que s'est-il passé la nuit dans l'enclos
de Marquet ?

au vieux Bartholomé de te prêter de l'argent. Tu pourras racheter des brebis. Et tu le rembourseras plus tard.

– Ne rêve pas, Gustin, répondit Marquet. Il ne me prêtera rien du tout. En attendant, je ne pourrai pas venir à ta crèche.

Cette fois, c'en était trop ! Gustin éclata en sanglots. Comment le consoler ? Tout à coup, monsieur Gabriel eut une idée.

– Viens ! dit-il. Je voudrais te montrer quelque chose.

Ils revinrent au village en silence. Ils entrèrent dans la maison de monsieur Gabriel. Celui-ci conduisit Justin dans une grande pièce encombrée.

– C'est ici que je travaille, dit-il.

Et comme Gustin le regardait sans comprendre, il expliqua :

– Hé oui ! Je suis sculpteur. Regarde !

Il lui montra un cheval sculpté dans un beau marbre noir. Mais Gustin voulait un âne et un bœuf pour le soir de Noël. Et un enfant Jésus avec ses parents, des rois mages, sans parler d'un berger et de tout le reste ! Il lui fallait aussi une bergerie ou un endroit qui y ressemblait un peu…

Monsieur Gabriel n'avait rien de tout cela, malheureusement. Mais il ne voulait pas que Gustin soit triste. Alors, pour le faire sourire, il prit de l'argile. Il la posa sur sa table de travail et il commença à modeler un personnage qui ressemblait à Margarido.

Gustin le regardait en silence. De temps en temps, monsieur Gabriel l'entendait renifler. Il était sûr qu'il pensait encore à sa crèche vivante. Alors, il tira sur le nez de Margarido pour qu'il soit un peu plus pointu que dans la réalité, il arrondit sa bouche en cul de poule, et ajouta des brins de paille sur sa tête pour lui faire une chevelure de sorcière…

Il entendit Gustin rire dans son dos :

– Tu l'as drôlement bien faite ! On croirait l'entendre dire une méchanceté.

Il avait enfin retrouvé son air de ravi. Il souriait, les bras levés en l'air tellement il était émerveillé. Ce n'était pourtant qu'une caricature de Margarido. Mais comme elle avait plu à Gustin et lui avait fait retrouver son sourire de ravi, monsieur Gabriel commença aussitôt celle du vieux Bartholomé.

– J'ai une idée, dit tout à coup Gustin. Je vais te l'expliquer.

5
Le miracle de Noël

Un mois avait passé. On était le 24 décembre. Ce jour-là, quand le ciel commença à se remplir d'étoiles, Gustin fit le tour du village. Il courait de maison en maison et criait :

– Dépêchez-vous ! Venez voir le petit Jésus qui dort dans une bergerie. Le bœuf et l'âne le réchauffent de leur souffle. Et n'oubliez pas vos cadeaux pour ses parents !

Il frappa ainsi à toutes les portes. Mais il oublia celles de Margarido et de

Trouve l'erreur :
qui ne devrait pas être sur ce dessin ?

Bartholomé, allez savoir pourquoi…
Quant au curé, il était déjà dans son
église, en train de se préparer pour la
messe de minuit.

Les uns après les autres, les gens
sortaient de leurs maisons, étonnés.
Certains portaient des paniers, dont le
contenu était caché sous de grands
torchons. D'autres tenaient à la main une
belle fougasse ou une bouteille de vin cuit. 19

– Ma parole, bougonnait le vieux 20
Bartholomé qui les voyait passer de sa
fenêtre. On dirait qu'ils vont réveillonner
tous ensemble…

Cela le décida à sortir, lui aussi. Il
trouverait toujours à manger dans ces

paniers bien garnis et à boire dans une de ces bouteilles !

En chemin, il rencontra Margarido. Elle descendait la grand-rue en grommelant. Elle non plus ne savait pas ce qui se passait. Et, comme Gustin ne les avait pas avertis, ni l'un ni l'autre, ils ne savaient pas où aller.

Devant l'église, où brillaient déjà de nombreux cierges, ils tombèrent sur le curé. Il paraissait affolé et il demanda à Bartholomé :

– Sais-tu où sont les habitants du village ? Parce que mon église est vide, tu m'entends ? Complètement vide ! Et moi, je suis inquiet, très inquiet même. S'ils ne viennent pas à la messe de minuit, le bon Dieu ne sera pas content. Et si le bon Dieu se fâche…

– Attendez ! l'interrompit Margarido. Il me semble entendre du bruit, par là…

Tout en parlant, elle leur montrait la place où se tenait le marché tous les lundis matin. Mais, si tard le soir, ce remue-ménage n'était pas normal. Du coup, ils s'y précipitèrent. Et là, sous le grand toit de tuiles rondes qui protégeait d'habitude les marchands forains, ils retrouvèrent les habitants du village.

– Qu'est-ce que vous faites ? leur cria le curé. Vous ne savez pas qu'il est presque minuit ? L'heure de la veillée est déjà passée. Et si vous ne venez pas à la messe, j'ai bien peur que vous ne vous retrouviez tous en enfer, un jour…

Les habitants ne parurent pas l'entendre. Ils se pressaient autour d'une grande table qu'avaient installée Gustin et monsieur Gabriel. C'est qu'ils ne voulaient rien perdre du spectacle.

– Ma parole ! Ils sont devenus fous ! murmura le curé. À moins que ce ne soit le diable qui les ait entraînés là…

Pendant ce temps, Margarido s'était glissée jusqu'à la table. Là, elle poussa un cri de surprise, puis elle revint vers Bartholomé et le curé qui étaient restés à l'écart.

– Venez voir, leur dit-elle. C'est extra-ordinaire !

Ses yeux brillaient, non pas de méchan-ceté, pour une fois, mais d'émerveillement. Les deux autres la suivirent aussitôt. Ils se frayèrent un chemin jusqu'à la table. Et ce qu'ils virent là les laissa muets de surprise.

Le curé n'en croyait pas ses yeux. Devant lui, comme devant les habitants du village, se dressait la bergerie du vieux Bartholomé. Pas la vraie, bien sûr, mais une copie exacte en argile et en bois. Il y avait même la poutre descellée, celle qui risquait de tomber en entraînant le toit.

– C'est la même que la mienne,

23

murmura Bartholomé, tout étonné. Il est drôlement têtu, tout de même, ce Gustin.

– Mais je ne vois pas comment les habitants pourraient y faire du théâtre, ajouta le curé.

Car cette bergerie mesurait tout juste un mètre de haut !

Il se rapprocha davantage de la table, se pencha et découvrit un petit Marquet d'une trentaine de centimètres. Il était vêtu de sa longue houppelande noire. Il était debout et il portait dans ses bras un agneau nouveau-né. Son chien se tenait à côté de lui. Et on aurait dit qu'il aboyait après un des moutons du troupeau.

Le curé en fut tout émerveillé, au point qu'il en oublia l'heure de la messe.

– C'est toi qui as fait ça? demanda-t-il à Gustin.

– Non, répondit Gustin en montrant monsieur Gabriel, c'est lui. Il les a modelés dans de l'argile. Après, il les a fait sécher. Puis je l'ai aidé à les peindre et à les habiller. Et je suis allé chercher de la mousse dans la colline et quelques branches de houx pour mettre tout autour de la bergerie. J'ai mis aussi un peu de sable pour faire un chemin devant la crèche…

Tout en parlant, il montrait d'autres personnages : c'étaient les habitants du

Quel est le santon du boumian ?

village que monsieur Gabriel avait eu le temps de sculpter avant Noël. Ils étaient disposés autour de la bergerie. Il y avait la boulangère vendant ses fougasses, le pêcheur en train de tirer un poisson de la rivière. Derrière, le forgeron frappait sur son enclume. Un peu plus loin, le boumian faisait un feu devant sa roulotte… Et monsieur le maire, avec son écharpe, marchait fièrement devant les habitants du village. Bartholomé reconnut Margarido. Et celle-ci reconnut le vieil avare. La commère souriait gentiment. Et Bartholomé avait mis de beaux habits. Tous les deux apportaient un cadeau à l'enfant de la crèche.

– Mais où est-il, cet enfant? s'inquiéta tout à coup le curé.

– Dans la bergerie! répondit Gustin.

En effet, par l'ouverture de la porte, on pouvait apercevoir le petit Jésus qui dormait sur un lit de paille. Son père et sa mère veillaient sur lui, pendant que le bœuf et l'âne soufflaient doucement pour le réchauffer. C'était là une scène que Gustin ne se lassait pas de contempler. Il en rêvait depuis si longtemps!

– C'est la plus belle veillée de Noël que j'ai jamais vue, dit alors le curé. Si vous voulez, demain, vous viendrez installer cette crèche dans l'église. En attendant, je crois bien qu'il est plus de minuit. Mais le bon Dieu nous pardonnera d'avoir oublié l'heure.

Il se dirigeait vers l'église, quand le vieux Bartholomé cria à Marquet :

– Hé ! Attends un peu, toi ! J'ai quelque chose à te dire.

Le boumian, que les gendarmes avaient relâché le matin, ne put s'empêcher de sursauter, comme si c'était à lui que le vieux Bartholomé s'était adressé, mais il fut rassuré en voyant Marquet s'arrêter pour attendre le vieil avare.

Et alors, il se passa une chose extra-ordinaire. Le vieux Bartholomé s'approcha du berger, fouilla dans sa poche et en sortit une bourse.

Dans l'histoire, quel est le miracle de Noël ?

– Gustin m'a dit que le loup avait tué presque toutes tes bêtes… Alors, tiens, avec ce qu'il y a dans cette bourse, tu pourras te racheter un beau troupeau. Non… Non… Ne me parle pas de remboursement… Attends d'avoir d'abord doublé ou triplé le nombre de tes bêtes. Je ne suis pas pressé…

Le vieil avare tendant sa bourse à quelqu'un qui ne pourrait peut-être jamais le rembourser, personne ne l'avait jamais vu, au village. Aussi, tout le monde cria au miracle.

« C'est normal, le soir de Noël », pensa Gustin.

Il se retourna une dernière fois vers

l'enfant qui dormait dans la crèche.

– Merci, lui dit-il, merci d'être venu chez nous !

Et ce fut alors qu'il se vit, lui, Gustin, dans la crèche. Monsieur Gabriel, sans rien lui dire, venait juste de le placer au fenestron de la bergerie, les bras levés vers le ciel, la bouche grande ouverte…

– C'est tout à fait moi ! s'écria Gustin.

Et son sourire illumina la place du village que les habitants quittaient peu à peu pour se rendre à l'église.

6
Les santons

Une fois la messe dite, les habitants se retrouvèrent sur la place devant la crèche. Chacun tira de son panier ou de ses poches de quoi réveillonner avec les autres. On se partagea les fougasses et les fruits secs. On but le vin cuit. On chanta des chants de Noël et on se sépara fort tard. Ce fut une nuit très douce, que le froid et la neige avaient pour une fois oubliée.

Le lendemain, Gustin et monsieur Gabriel transportèrent leur crèche dans l'église où tout le monde put l'admirer pendant le mois de janvier.

Et les mères disaient à leurs enfants :

– Regardez comme ils sont sages, tous ces personnages !

– De vrais petits saints ! ajoutait le curé.

Voilà pourquoi on les appela des santons.

L'année suivante, chacun des habitants du village voulut avoir sa crèche. Alors, le sculpteur refit des santons, plus petits, avec l'aide de Gustin qui les peignit avec beaucoup d'application.

Et la veille de Noël, chaque villageois installa une crèche près de la cheminée de sa maison. Puis, un jour, dans un village voisin, lui aussi perché sur une colline au milieu d'un beau paysage de Provence, quelqu'un voulut faire une crèche à son tour.

C'est ainsi que, peu à peu, le soir de Noël, il y eut des santons dans toutes les maisons, pour la plus grande joie des enfants qui en restent bouche bée de surprise et lèvent les bras au ciel, comme Gustin, le ravi de la crèche.

1
une **bâtisse**
Un grand bâtiment.

2
un **fenestron**
Petite fenêtre (mot
provençal).

3
une **bergerie**
Bâtiment où dorment
les moutons.

4
l'**encens**
Résine qui brûle en
dégageant une odeur
agréable.

5
la **myrrhe**
Résine d'odeur agréable.

6
une voix **aigre**
Voix aiguë, criarde,
désagréable à entendre.

7
un **avare**
Personne qui aime
l'argent et ne veut pas
le dépenser.

8
un **fagot**
Petites branches sèches
attachées ensemble.

9
une **houppelande**
Grand manteau très
large que portaient
les bergers.

10
descellée
Qui tient mal dans
le mur.

11
un **forgeron**
Artisan qui travaille le
fer en le faisant rougir
au feu.

12
une **enclume**
Gros objet en métal
sur lequel le forgeron
travaille le fer avec son
marteau.

13
un **cantonnier**
Employé municipal
qui s'occupe de
l'entretien des rues.

14
le **boumian**
Un bohémien, un
gitan, en provençal.

15
les **paroissiens**
Ceux qui vont à
l'église du village.

16
une **remise**
Bâtiment où l'on range
les outils et les voitures
d'une ferme.

17
un **sculpteur**
Personne qui travaille
une matière dure
(marbre, bois…) pour
lui donner une forme.

18
l'**argile**
Terre glaise que l'on
modèle à la main.

19
une **fougasse**
Galette sucrée que
l'on mange à Noël
en Provence.

20
bougonner
Parler entre ses dents
quand on n'est pas
content.

21
en **grommelant**
En grognant.

22
un **cierge**
Longue chandelle de
cire que l'on allume
dans les églises.

23
se frayer un chemin
Passer en écartant
ce qui gêne.

24
le **houx**
Plante à feuilles
piquantes et à baies
rouges.

Les aventures du rat vert

Les aventures de Mamie Ratus

Ralette, drôle de chipie

Les histoires de toujours

Super-Mamie et la forêt interdite

L'école de Mme Bégonia

La classe de 6e

Achille, le robot de l'espace

Conception graphique couverture : Pouty Design
Conception graphique intérieur : Jean Yves Grall • mise en page : Atelier JMH

Imprimé en France par Pollina, 84500 Luçon - n° L90865
Dépôt légal n° 38125 - octobre 2003